PUERTA ENTREABIERTA

ExLibric

MARGARITA MARTÍNEZ MARZÁ

PUERTA ENTREABIERTA

EXLIBRIC

ANTEQUERA 2024

PUERTA ENTREABIERTA
© Margarita Martínez Marzá
Diseño de portada: Dpto. de Diseño Gráfico Exlibric

Iª edición

© ExLibric, 2024.

Editado por: ExLibric
c/ Cueva de Viera, 2, Local 3
Centro Negocios CADI
29200 Antequera (Málaga)
Teléfono: 952 70 60 04
Fax: 952 84 55 03
Correo electrónico: exlibric@exlibric.com
Internet: www.exlibric.com

ISBN: 978-84-10297-80-7
Depósito Legal: MA-2406-2024

Impresión: PODiPrint
Impreso en Andalucía – España

Nota de la editorial: ExLibric pertenece a Innovación y Cualificación S. L.

MARGARITA MARTÍNEZ MARZÁ

PUERTA ENTREABIERTA

Moneda que está en la mano
quizá se deba guardar:
la monedita del alma
se pierde si no se da.

ANTONIO MACHADO

A mi madre.
Sin ella, la poesía
no habría significado lo mismo.

Introducción

He querido definir la poesía y he visto que no podía. He querido definir la poesía y me he dado cuenta de que no sabía: quizá ni pueda ni sepa jamás.

Conozco la poesía, me gusta la poesía, leo poesía, escribo poesía, pero no la puedo definir: solo puedo sentirla.

Reflexiono: ¿qué me impide definirla? ¿Por qué es más fácil escribir, incluso describir, un poema que definirlo?

Es una cuestión de LIBERTAD. Una definición delimita el término, lo acota, le pone límites en aras de que pueda quedar perfectamente expresado y diferenciado. Pero los límites cortan, ponen fronteras, no contemplan el matiz, la sutileza. La definición se mueve en el terreno de las fronteras. La poesía no. Su terreno es intangible, etéreo, insospechado a veces, quizá contradictorio.

Si tuviésemos que ubicar la poesía, quizá el aire y el agua serían lugares correctos. Un poema es como una nube, que toma múltiples formas, que constantemente varían y se nos muestran diferentes, dependiendo de quién o cómo las mire.

Intenta atrapar el cielo; no puedes.

Intenta atrapar el agua; la verás escapar entre tus dedos.

Sin embargo, ¡qué placer producen el agua y el aire! Se nos escapan, siempre se escapan, pero estamos impregnados de ellos.

La definición de POESÍA es como intentar sujetar el agua del mar o del manantial en las manos. Pero… es que no queremos sujetar el agua; queremos que fluya y disfrutarla, gozar con ella, aliviar nuestra sed, impregnarnos y sentir cómo el sol la evapora gota a gota sobre nuestro cuerpo.

Tenía escrito algo muy antiguo. Hoy lo asumo, hoy y siempre:

«Mis versos soy yo. El verso de cualquier persona es su alma, convertida milagrosamente en palabra».

Palabra. Una de ellas es decisiva:
la que surge con fuerza, la primera.
Después, otras fluirán,
únicas, libres.
No son de ti,
tú eres de ellas.

Y yo no sé qué es esto;
solo lo intuyo:
quizá una primera palabra
sea el alma de un poema.

Margarita Martínez, 2013

SONETOS

AMANECÍA

Cruzaron un instante por su mente
recuerdos de una tarde de verano;
la buscó, mas no pudo hallar su mano,
sus ojos se nublaron de repente.

Comenzó a caminar muy lentamente.
Nadie la vio salir, era temprano.
¡Qué cruel era el Destino, qué tirano!,
hielo en el corazón, fuego en la frente.

Sus pasos la llevaban a la Nada,
vivía sin vivir; ya no existía,
ni siquiera tenía ya posada.

Miró al cielo; alboreaba el día,
buscó y halló la más fría morada.
El sol le sonrió: amanecía.

DESPERTAR ÚLTIMO

Me tendí bajo el sol en pleno día.
El tiempo no existía, era eterno
y entendí que mi alma, puro invierno,
un nuevo amanecer ya no vería.

Cuánta vida pasada y no tenía
un recuerdo de amor, un gesto tierno;
la soledad que hiela es el infierno
y ya había volado mi alegría.

Mis versos, que flotaban en el viento,
cantaron el arrullo de la cuna
y me dormí de nuevo con mi cuento.

Desperté entre los brazos de la luna.
Vivo ya con mi estrella y ahora siento
que solo con la muerte he sido una.

AL MAR

Fiel a tu cita voy, mi Mar querido.
Miro tus aguas, me cantan los Cielos,
las nubes de tul son tus blancos velos,
vives en mi piel cuando ya me he ido.

Cálida alfombra, líquido mullido,
mudo testigo de aquellos anhelos,
tú podrías hablar de mis desvelos
y ofrecer para mí plácido nido.

En el punto más álgido del día,
cuando la luz más brille y me deslumbre,
volará sobre ti la estrella mía;

que si pude ascender hasta la cumbre,
también podré avanzar bajo tu guía
hacia el cenit que siempre ha sido lumbre.

HA LLEGADO EL INVIERNO

Ha llegado el invierno y hace frío.
Tus manos no duermen hoy en mi palma,
en ellas estaba toda mi alma,
mi voz se había marchado al río.

Quiero ir a por ti, pues yo te siento mío,
y despertar en un lecho de calma.
Tu llanto es mi dolor, con él empalma,
mi lágrima es tu gota de rocío.

Si vieras cómo anhelo tu sonrisa;
dámela para tener un tesoro.
Acude con el soplo de la brisa.

El mundo me parece tan pequeño,
que no sé ni siquiera si he nacido
o si todo no ha sido un bello sueño.

INVITACIÓN

Tú decides, mujer, mujer que pasa,
aquello que soñaste y no pudiste,
aquello que quizá ya ni quisiste,
pues de tu vida hicieron tabla rasa.

Tú decides, mujer, ama de casa,
sin tiempo de pensar y, a veces, triste,
dudando de si acaso no exististe,
y en un punto en que todo te rebasa.

Madre, siempre madre, ¡eres Mujer!
Levanta la cabeza, ponte en marcha,
pues serás lo que tú decidas ser.

Y cuando en tu cabello nazca nieve,
una hermosa sonrisa quiero ver.
Sea ancha la vida, ya que es breve.

MI MANO

Cuando entreabras los ojos cada día
y la luz ilumine tu ventana,
irradiando de fuerza la mañana,
imagínate que es la mano mía.

Y si sientes en ti la noche fría
y el impulso que alienta ya no mana,
hazle un guiño a la estrella, que es mi hermana,
e imagínate que es la mano mía.

Y suavemente, sin ninguna prisa,
sentirás levemente que no hay suelo,
al notar de la luna la sonrisa.

Y podrás alcanzar un gran anhelo
al llenársete el alma con mi brisa,
pues donde existe amor, allí está el cielo.

PARIR

En mi seno florecieron las rosas,
mi savia, con mi amor, las recorrían;
en una nube blanca vivirían
y ya en mi pensamiento eran hermosas.

Y por siempre, en el fondo de las cosas,
cada tallo de mi rosal vivía;
mi mundo en ellos se iluminaría
y mis esperanzas fueron hermosas

De mi vientre, la luminosa herida
evoca aquel dolor, hecho hermosura,
cicatriz de mi cuerpo tan querida.

Y al sentir en mi piel una ternura,
sabiendo que empezaba nueva vida,
mis sueños se inundaron de blancura.

ADAGIO

Para el segundo bloque de este libro de poemas he escogido este nombre porque veo una gran relación entre la Música y la Poesía. Esta, al menos la clásica, tiene ritmo y medida como aquella. El ADAGIO es aquella parte cuya ejecución debe realizarse con movimiento lento.

Así quiero yo que se lean mis poemas, sobre todo los de este segundo bloque, ya no sujeto a normas fijas como los sonetos. Quiero que se encuentre la musicalidad de las palabras y su posición en versos y estrofas. Una tenue música de fondo puede acompañar y será excelente elección.

A TI

A ti, sol, rayo en el agua,
mar intocado en mis ojos,
luna bañando mi pecho,
brazo posado en mi hombro.

A ti, piel que me has rozado,
yema de dedos suave,
pupila de pensamiento,
pensamiento de alma y carne.

A ti, cabello en la almohada,
a ti, sueño reposado,
a ti, vientre, nieve y llanto,
a ti, dolor escapado.

A ti, párpado entornado,
a ti, espalda de guitarra,
cuerpo expandiéndome gloria,
sublimación del MISTERIO.

A San Juan de la Cruz

Dijo el poeta en Cántico espiritual:

«De flores y esmeraldas,
en las frescas mañanas escogidas,
haremos las guirnaldas
en tu amor florecidas,
y en un cabello mío entretejidas.

En solo aquel cabello
que en mi cuello volar consideraste,
mirástele en mi cuello,
y en él preso quedaste,
y en uno de mis ojos te llagaste».

*****

De flores y esmeraldas
me hiciste un verso.
De flores y esmeraldas
me diste un sueño.
La guirnalda florida
le dijo al aire:
«Tengo sueño de amores

que son de nadie».
El aire, que era Dios,
le dijo al verso:
«En un cabello tuyo
pongo mi beso».

La mañana escogida
dijo al cabello:
«Entreteje guirnaldas
para mi dueño».

El cabello posado
le dijo al cuello:
«Tu blancura de nardo
será mi lecho».

El lecho de piel blanca
le dijo al cielo:
«Mi mejor esmeralda
guarda en tu seno».

De Fontiveros era
y del mundo entero;
un poeta del alma,
un hombre bueno.

AYER Y MAÑANA

Fue agua de plata
en vaso desbordada,
pero hoy solo es
un estanque vacío.

Fue un diamante tallado,
fina joya engarzada,
pero hoy solo es
un cristal desgastado.

Fue alta enredadera
subiendo a tu ventana,
pero hoy solo es
una flor estrujada.

Pero mañana, ¡quién sabe!,
junto al mar, hoy en calma,
será estallido de luz,
o quizá… no sea NADA.

ALGO QUE RECORDAR

Como la nieve, blanca y pura,
intocada y perpetua
sobre las montañas:
así mi amistad por ti.

Pasa el arroyo
claro, limpio, impetuoso,
sin detenerse:
así tu vida en las nuestras.

Sigue volando,
divisando la pequeñez
desde lo alto:
así conservarás
la pureza de tus ojos.

Existen frutales
que no se secan,
porque se nutren de autenticidad:
tú eres uno de ellos,
y tus frutos alimentan
el alma de tus amigos.

No deseo ver
lo que manifiestas.
Me quedo con algún gesto,
leve, pequeño, casi imperceptible:
es tu más puro diamante.

Descansando en el borde del sendero,
te vemos con claridad,
caminando en primera posición.
Pero te manifiestas mejor
cuando te detienes un instante
mirando el cielo.

En el libro de tu vida
que, línea a línea,
vas escribiendo,
tus mejores páginas
son aquellas
que encierran
un punto de poesía.

Siempre eres luna llena,
brillando en oscura noche,
rielando en el mar;
pero ¿cuántos de nosotros
hemos visto

la cara oculta?
Quizá en ella se guarda
la llave
de los secretos.

Te gusta ser arco iris
deshaciendo la tormenta.
Gracias por ello
y por la suma de colores
que forman la luz.

ALZHEIMER

—¿Qué hora es?
—Mamá, las tres.
Resortes de la memoria,
no os escapéis.

—¿Qué hora es?
—Mamá, las seis.
¡Qué ojos tan azules!
¡Qué bella es!

—¿Qué hora es?
—Mamá, las diez.
Dioses de los recuerdos,
no la dejéis.

—¿Qué hora es?
—¿Qué hora es?
—Hora de mimarnos
las dos a la vez.

—Pero ¿qué hora es?
—La hora mágica
del anochecer.

—Por favor, ¿qué hora es?
—Te quiero, mamá.
Coge mi mano
y ven.
—Hija, ¿qué hora es?
Nadie me lo dice
y no lo sé.
—Es tiempo de infancia,
de tu amanecer.
—Sí, la recuerdo
y quiero volver.
—Pues vuela hacia ella,
yo te esperaré.
—¿Qué tenemos hoy?
—Aquello que ves:
caricias suaves
y lo que me des.
—Soy feliz, mi niña,
porque tú me quieres
y yo a ti también.
Estamos bien solas
y ya no me importa
la hora que es.

ARCO IRIS

Llega, paso a paso,
el tiempo de bruma.

La envolvente niebla,
inusualmente perlada,
en su gris eterno,
sepulta el arco iris
que ella misma
limpió.

Pasará el cometa,
pasará la luna,
pasará un lucero,
tú pasarás
y pasará el tiempo.

Volverá bruma oscura,
gotas suspendidas
y luz, prisma curvo:
nuevo ARCO IRIS.
El suelo mojado advierte:
no debes pisar.
Pero…

¿acaso sabe el barro
que es hijo de la lluvia?
¡Qué delirio de colores!

ACUSACIÓN

La tierra se desmorona,
no la sujetan las plantas,
no hay raíces, se han deshecho;
todo se lo lleva el agua.

Aflora la roca viva,
roca que no lleva nada,
roca que no es roca, es polvo;
polvo estrujado, mi alma.

Y las nubes llueven sangre,
ni siquiera tienen lágrimas.
Ya no existe la sonrisa;
hoy reina la carcajada.

—¡Cuidado, el viento te lleva!
¿Dónde vas tú sin ser nada?
—Voy buscando mi sonrisa,
que la perdí una mañana.
—¿Tu sonrisa? ¿No lo sabes?
La tenemos bien guardada;
no la busques, ya no es tuya.
—Yo la quiero.
—Calla, calla.

La voz no es voz, es silencio,
la savia sin sol no es savia,
sin luz los ojos no miran,
sin mensaje no hay palabra.

—¡Oh, palabras, mis amigas,
¿escapáis también de casa?
¿Y vosotros, mis latidos?
—No somos tuyos, y calla.

—¿Y por qué, si os habéis ido
me dejasteis con fantasmas
que martillean mis sienes,
que me asustan cuando llaman?

Todos viven en sus nidos,
se arrebujan en sus alas,
nidos siempre protegidos
con las ventanas cerradas.

Cada cual guarda lo suyo
y si tú no tienes nada,
alguna vez, si les sobra,
te darán una migaja.

—¡Pequeña flor sin raíces!,
por llevar la frente alta
no te agarraste en el suelo,
viviendo en el aire andas.
Pero el aire no sujeta,
el oxígeno se acaba,
el invierno está llegando
y todos están en casa.

Y tus sonrisas en tanto
deshaciéndose en la nada,
y el mundo como una noria,
y las palabras sin habla,
y en el corazón el frío,
y en los ojos solo agua.
Y una mano, antes abierta,
ahora a todos os señala.

ATIENDE, NIÑA

Atiende, niña:
Que la flor más pequeña
nunca pierde el aroma.
Que un destello de sol
siempre rompe la noche.
Que la gota de lluvia
nos limpió la mañana.
Que un gesto imperceptible
se llama corazón.
Que cada palpitar
es aire que no ves.
Que si falta una nota
no existe sinfonía.
Que solo una palabra
puede ser un poema.
Que cada margarita
ha copiado tu nombre.

Atiende, niña:
Que tan solo te cubra
la sombra de aquel árbol
que habita junto al río.
Que nunca el griterío

ensordezca el susurro.
Que triunfe la sonrisa
sobre la carcajada.
Que brille más la estrella
que el foco de neón.
Que nunca velo alguno
nos oculte tu cara.

Escucha, niña:
Que la vida está ahí,
detrás de tu ventana,
y el cristal empañado
en parte es transparente,
porque tiene una huella:
la de tu dedo.

AL TIEMPO

Sabor agridulce,
sorpresa y misterio,
ternura y dureza,
mirada y silencio.

Almendros floridos,
palabra en los dedos,
pensamiento oculto,
sedoso tu pelo.

Feliz y muy triste,
alegre y con miedo,
queriendo y huyendo
sin un norte cierto.

Pero algo seguro:
la flor del almendro
perfuma la vida,
perfuma los lechos.

Ese caminito
de aroma y silencio,
esa catedral

de paz y misterio
llenaron mi alma.
Lo demás…
al tiempo.

Colores

Final del crepúsculo:
domina el rojo y naranja,
casi fuego;
la tarde se esfumaba.

El verde conservaba matices.
Quedaba un breve instante
de sol.
El día tenía sueño,
la última luz poco a poco
se apagaba.

Mientras el brillo
daba descanso a la hierba,
ella se dejó caer.
Se aunaron hojas y juncos;
todo se tornó monocolor.

Pero llamó la luna,
amarilla; llamó dos veces.
Ella se elevó de nuevo
y fue sombra plateada,
silueta en tu parpadeo,

pensamiento de color,
emulsión de colores
en tu iris,
violeta,
dulce y claro.

Al alba se volvió blanca.
La buscaste junto al río
y creíste divisarla
en la paleta polícroma
del campo.

El río te sonrió:
no la busques,
va viajando en mi corriente;
ha deseado ser mía.
Ve hacia el mar;
ella es alma de colores,
pero alma nada más:
es aire, es agua,
es transparente y azul.
Pero, a veces, por sorpresa
vuelve.
Quiere ver otra vez
su crepúsculo
naranja y rojo.

Si la esperas,
si estás junto al río
cuando se duerme la tarde,
quizá vuelva a mezclar
su esencia azul
con tu iris,
violeta,
dulce y claro.

DESEOS

No:
A las luces de la muerte,
a las sombras de la vida.

No:
A la luna desgajada,
a los ojos que no miran.

No:
A los labios que no besan,
a los besos de mentira.

No:
A la oscura indiferencia,
a las mentes corrompidas.

No:
A la tierra requemada,
a la tierra ensordecida.

No:
A las lágrimas de fuego,
al hielo que nos domina.

No:
A las palabras sin habla,
al grito de aquella niña.

Sí:
A la cuna de unos brazos
y a los ojos de una madre:
los de la tuya
y los de la mía.

EL LLANTO DE LA PALOMA

Camina despacio
el niño;
va de puntillas, sin voz.
En lo alto, un sol, puro fuego,
está incendiando la arena
con sus rayos,
que son sables
incrustados en la tierra.
No es culpable,
pero abrasa,
quema la piel
y nos ciega.

El niño no mira el sol;
va despacio,
muy atento;
sus ojos, puro azabache,
siempre clavados
al suelo.

Alza un pie, lo deposita,
un suspiro;
sigue vivo.

Allá lejos, la paloma
llora mirando el camino.
Alza el niño
el otro pie,
queda quieto,
suspendido,
absorto, mudo,
con miedo.
Entorna sus negros ojos
y mira el pie detenido;
ni respira,
solo anhela;
¡ay, corazón,
no hagas ruido!

Allá lejos, la paloma,
llorando,
pregunta al cielo:
¿por qué?, ¿por qué?
No hay respuesta;
sollozando,
emprende el vuelo.
Con lágrimas invisibles,
lacerantes, puro fuego,
mueve sin parar las alas;
no viaja, no;
huye, escapa.

El mundo sigue girando;
el sol, los campos abrasa.
La paloma se detiene,
en el aire, que no aguanta.
Ya nunca más volará:
explotó la bomba lapa.

¿ERES?

¿Dónde estás,
esencia de mi esencia?
¿Eres?

Luz para llegar a ella,
luz de luz, que no se apaga.
¿Eres?

Alma de mi alma,
si es que el alma es.
¿Eres?

Idea desnuda y pura,
idea de las ideas.
¿Eres?

Vida de un instante vivo,
vida de besos y cuna.
¿Eres?

Olvido de mis recuerdos,
recuerdo de mis olvidos,
vida de todas mis muertes.
¿ERES?

ESTRELLA INTERIOR

Tengo dentro una estrella,
altos muros la encierran;
sin resquicio para su luz,
no la ve nadie.

Tengo dentro una estrella,
que no es sol, ni calor,
pero es muy blanca.

Tengo dentro una estrella,
en la última estancia encerrada,
atrapada por ella,
sin vivir ni morir,
en sí cegada.

Tengo dentro una estrella
en negro firmamento
derrotada.

Nadie puede mirarla,
pero existe.

Es, solo ella es,
Y da brillo,
que es sentido,
en el mundo
de la nada.

LLUVIA EN TUS OJOS

Asomada a la ventana de tus ojos,
he visto cómo llovía,
lentamente;
el cristal de tus pupilas empañado
y el pasar sin detenerse
de la gente.

No amenazabas a nadie con tu lluvia
y, por eso, en ti ninguno
reparaba;
mas yo he visto en tus húmedos cristales
la ternura que quería
y esperaba.

Y no importa que la gente tenga prisa,
porque contigo estoy
en tu casa.
No llueve, las nubes se han escondido.
Ha quedado limpio el cielo;
todo pasa.

LA FLOR DE LOTO

Llueve. Sí, llueve,
casi nunca ha dejado
de llover.

El grito de la noche
retumba en el cristal.

El cristal es frío.
El cristal es cuchillo.
El cristal estrangula.
El cristal engaña,
distorsiona, corta, intimida.

Demasiado inmaculado
para ser puro.

Pero…
hace correr
por el camino del círculo.

¡DETENTE!
Debajo de la tierra
tiene sus raíces
la flor de loto.

LA OLIVERA

Tiempo de cosecha.
Otoño.
Cae la tarde y la noche
para el olivo.
Lleva peso de oro,
solo estrellas y luna
son los testigos.

El árbol recuerda al arpa,
«con las notas dormidas
esperando la mano
que sepa arrancarlas».

Cuando el día amanece,
muy de mañana,
unas manos se posan.
Anuncian algo:
ordeñarán las ramas,
darán descanso al árbol
que regala oro vivo.

Se apoya en el olivo,
mira hacia arriba.
Algo brilla, se exhibe,
El sol resalta juntas
a dos hermanas.
Dos olivas pequeñas,
suaves, sedosas, tersas,
jugosas y aún tempranas.

Él las alcanza,
no las toca:
un roce, que es caricia,
y las deja,
porque deben seguir
como broche en la rama.

Guiña un ojo, sonríe
y comienza a ordeñar…

Va cogiendo, una a una,
hasta que ya estén consigo
las aceitunas.

Cansado, se detiene;
después se sienta:
—Otro año en otoño,
el tiempo pasa…
¡Qué LUZ! Aún no es invierno.

Es tiempo de visitas
a la olivera,
donde quedan olivas
que son pequeñas.
Allí estarán más días
para mirarlas
y esperar a que crezcan…
Quizá mañana.

Se despide al oído
de la olivera.
La acaricia un instante
y una promesa:
—Sigue viva y erguida,
dando aceitunas.
También vendré en verano
y en primavera.

LA PUERTA

Tras la puerta se hallaba,
para cerrarla,
y su gesto llevaba
frío en el alma.

El hatillo le hizo,
allí estorbaba;
lo entregó con despego,
nada quedaba.

En aquel equipaje,
que se marchaba,
metió sueños y amores,
y sin mirarla.

La puerta de la casa
quedó callada:
sí que estaba tras ella,
para cerrarla.

LAS ADELFAS Y EL RÍO

El fuego y el hielo es uno,
plomo en los párpados.
No hay llanto, ni amor ni odio:
la NADA.
El camino es un desierto.
No llueve;
solo arena.
Cristales rotos, abrazo
frío en la sangre.
La vida roba a la vida
con su garfio de pirata.
Los cuervos son los señores,
y el buitre, el rey.
Pero, en tanto,
el río canta
bajo las adelfas.

LUNA ENCERRADA

Hoy es hoy, pero ¿y mañana?
¿Y ayer?
Ayer era una nube,
nube ya disuelta en agua,
agua que apagó la lumbre.

El campo tenía puertas
y la mar era un aljibe,
con las puertas muy cerradas;
las olas entre tabiques.

¿Cuál es el fuerte martillo
que rompe puerta y tabique?
Quizá el amor, él sí puede,
pero ese amor hoy no existe.

Otros amores, si llegan,
abrirán puertas y diques,
pero aquel mar y aquel campo
hoy no tienen quien los mire.

Los sellos están echados,
el ayer no se repite,
mañana será otro día,
pero hoy es hoy
y estoy triste.

Y mientras tanto, la luna
encerrada en el aljibe.

MAZORCA

Mazorca:
Lluvia desgranada en oro,
como mis sueños.

Semilla:
Tierno brote que germina,
como mis hijos.

Aroma:
Caricia que inunda el aire,
como el amor.

Sonrisa:
Suave calor de ternura,
como mi madre.

Mirada:
Universo en que me baño,
donde te encuentro.

Tú:
Explosión de eternidad,
como yo.

Nosotros:
Piñones dulces y blancos
en la oscura piña de la vida.

MI NIÑA HA VENIDO A VERME

Mi niña ha venido a verme
vestida de blanca seda.
Mi niña ha venido a verme
con carita de azucena.

El centro de sus pupilas
es rocío y hierbabuena.
Mi niña ha venido a verme
vestida de blanca seda.

Una espiga por su espalda
es el oro de su trenza.
Mi niña ha venido a verme
y me ha encontrado despierta.

Me he mirado en el espejo
de su carita pequeña.
Mi niña viene a decirme
que no hay camino de vuelta.

Extiendo mi mano y no
puedo alcanzarla en la niebla.
Mi niña ha venido a verme,
por ella yo no estoy muerta.

MARGARIDA

MARGARIDA significa MARGARITA.

Margarida, Margarida,
en un valle suspendida.

Bajo la flor del cerezo,
entre el piar de las aves
y el canto del agua limpia,
quisiera quedar dormida.

Margarida, Margarida,
tan linda y desconocida.

Los montes que te contemplan,
la pureza de tu cielo
y el sol de una tarde tibia
no saben que estás herida.

Margarida, Margarida,
tan pequeña y tan florida.

Quizá las altas estrellas
sobre tus blancas casitas,
cuando la noche te envuelva,
besen tu alma dolorida.

Margarida, Margarida,
primavera detenida.

ORACIÓN

¿Amanecerá?
Se asomó a la ventana del cielo,
susurró a la luna,
llamó a los pórticos
de los dueños de la luz.

Vagó, porque era su destino,
y errante fue a los confines
de la inmensa oscuridad.

Pero vio cerrar las puertas
donde la luz habitaba,
y los postigos, señores,
le cerraron las ventanas,
arrojando las sonrisas
hacia un mar de solo sal.

Y la noche, sin retorno,
le negó su vida al día,
y el día lloró encerrado
sin su ansiado amanecer.

Y cegándose en lo oscuro,
no pudo hallar un resquicio
para amanecer un poco,
para poder caminar.

Huir en línea quebrada,
reposando en las esquinas.
¿Será eso…?
Intuyó:
no hay sendero,
no hay sendero,
en el infinito
incierto.

Se observó y comprendió:
no tenía pies,
ni alas.
No podía ni vagar.

Alguien gritó una oración:
—¡Oh, señor de los postigos,
dueño de todas las almas,
devuelve el agua a la sal.
Quita a la luz las cadenas,
concédele DESCANSAR!

OJOS AZULES

Esos ojos azul claro
claros como el día son;
no los cambio yo por nada
cuando brillan bajo el sol.

Ojos que salen al paso
del azul que tengo yo;
mirarme en ellos quisiera,
pero no me miro, no.

Ojos azules y limpios
como ese mar que amo yo.
¿Brillarán por mí mañana?
Solo sé que brillan hoy.

PEQUEÑO CORAZÓN

Pequeño corazón, corazón breve,
pendiente de un latido,
sutil hilo de seda.
Pequeño corazón, no vueles tanto,
que el aire se te lleva.

Pequeño corazón, pequeño y grande,
tan libre y prisionero
y metido en tu trampa.
Pequeño corazón, corazón madre,
en tu pálpito leve el alma escapa.

Pequeño corazón, dulce y amargo,
hecho a golpe de sueños y de lágrimas,
corazón que es también terrón de azúcar,
no disuelto, mordido,
te han robado el oxígeno
y la savia.

Pequeño corazón, cansado a veces
de latir al vacío, ya sin alas;
corazón con la sangre hecha de fuego
que ya funde los metales de mi alma

Corazón de este pobre pecho mío,
¿quién va a arrullarte a ti?
Duerme, descansa.

¿POR QUÉ?

¿Por qué el día es claro y el sol no brilla?
¿Por qué?
¿Por qué una bruma nubla unos ojos limpios?
¿Por qué?
¿Por qué no dices lo que sientes
ni sientes lo que dices?
¿Por qué?

Todo son paradojas.
¿Por qué?
La verdad es mentira;
la mentira, verdad;
el amor, agonía;
lo irreal, realidad.

El alma es cuerpo,
¿qué cuerpo?
El cuerpo es alma,
no está.
Impera lo sucedáneo,
¿dónde está lo natural?

La razón es locura;
palabras, la confusión;
la piel, materia sintética;
los instintos, la ilusión.
¡Quién pudiera comprender
el sentido del absurdo!,
ese círculo vicioso,
circunferencia del mundo.

¿Quién nos puso el primer traje?
¿Por qué no vamos desnudos?
¿Quién envenenó las aguas?
¿Quién nos enseñó a ser mudos?

¡Qué mascarada la vida!
¡Qué traición!
¡Qué crimen contra los niños
hacer que sean robots!

Niña, niña, ¿dónde estás?
Vuelve, vuelve, resucita.
Extiende tu mano y ven.
Ofrécenos tu sonrisa.

¿Por qué te fuiste pequeña?
¿Hicieron de ti un anfibio?
¡Horrible metamorfosis!
¿Qué te queda?, ¿dónde has ido?

¿Por qué?
¿Quién es culpable?
¡Quién sabe…!

En el laberinto incierto
todos somos marionetas.
El que sujeta los hilos
marioneta es, a su vez,
de sus dogmas, sus cegueras
y del ansia de PODER.

¿Dónde comenzó
aquel hilo?
Lo romperé con los dientes.
Romperé el cordón:
que mane sangre,
que entre aire,
luz nueva, blanca,
que sea fértil
la tierra
con semillas renovadas.

¿Y la razón?
Le espera un nuevo camino.
Su comienzo es EXISTIR.
¿Y su meta?
Comprender:
no todo, algo
de tu vida, de la mía.

¡QUÉ TARDE ES!

¡Qué tarde es!
Cae la noche, lentamente,
sobre el alma.
Los tímidos rayos
son oblicuos,
transparentes, nítidos y cortantes:
son cristales rotos.

¡Qué tarde es!
Los espejos de mi casa
me devuelven
nubes grises.

¡Qué tarde es!
La sinfonía gloriosa
es melodía apagada.
Las trompetas
son flauta dulce.
A mi guitarra le falta una cuerda;
la música tiene sueño.

¡Qué tarde es!
Siempre fue tarde
para el calor.
Las alas no se pueden extender,
se deben proteger del frío.

Todo es azul, quieto, solo.
El páramo es inmenso,
gélido, nítido.

¿Es tarde o es pronto?
Extiendo mi mano hacia la nieve.
No la toco,
no la ensucio;
tan solo la contemplo.
¡Es tan bella!

SI DIOS HUBIERA SIDO MADRE

«Aparta de mí ese cáliz»,
le dijo Cristo a su Padre.
Un silencio por respuesta,
ni una señal de consuelo.
Una cruz clavada al suelo
y ni un gesto desde arriba.
«¿Por qué me has abandonado?».
Y por respuesta, el silencio.

¿Por qué callabas, ¡oh, Dios!,
cuando tu Hijo te llamaba?
¡Ay, si hubieras sido madre…!
Mas Tú eras Dios y no hablabas.

No fue el castigo del hombre,
ni la cruz, ni la injusticia,
ni los golpes, ni los clavos,
ni los amigos que huían.

No, no nos digáis que eso
fue el martirio de aquel Justo.
Fue el silencio de su Padre,
ese abandono de hielo,

ese silencio indebido
y esa ausencia de calor
quien partió su corazón.

… Murió por falta de PADRE.

TÚ

Como la nieve blanca, pura,
intocada y perpetua
sobre las montañas.
Así yo para ti.

Pasa el arroyo
claro, limpio, impetuoso,
sin detenerse nunca.
Así tu vida en la mía.

Sigue volando,
divisando la pequeñez del mundo
desde lo alto.
Así conservarás siempre
la pureza de tus ojos.

Existen frutales
que jamás se secan,
porque siempre se nutren
de savia renovada.
Tú les perteneces
y tus frutos alimentan
el alma de tus amigos.

No deseo ver
lo que siempre manifiestas.
Me quedaré con un gesto
leve, pequeño, imperceptible.
Lo guardo: es un diamante.

Descansando en el borde del sendero,
te veo pasar, en primera posición.
Pero mejor te manifiestas
al detenerte un instante,
mirando al cielo.

En el libro de tu vida
que, línea a línea,
vas escribiendo,
las mejores páginas
encierran un punto de poesía.

Siempre has sido luna llena
brillando en la noche,
rielando en el mar.
Pero ¿cuántos hemos visto
tu cara oculta?

Te gusta ser arco iris,
calma después de tormenta.
Gracias por ello
y por la suma de colores
que conforman tu luz.

UNO DE TANTOS SUEÑOS

He soñado que tejía.
Mis dedos volaban envueltos en hilo,
entremezclando colores,
como un caleidoscopio
sobre un blanco purísimo.

Mientras tejía, cantaba;
yo era voz y alegría,
concentrada en mi ilusión,
en mi obra,
en mi reto,

Aquella tela, pensaba,
sería suavidad
que cubriera mi cama,
o una túnica
que acariciara mi piel
en verano y junto al mar.

Entorné los ojos, soñando,
mientras mis manos,
con alas,
tejían sin cesar

un tejido
excepcional, único.

Me detuve un instante
al sentir un soplo
frío, paralizante.
Quise seguir;
no pude:
no había impulso,
destreza,
ni arte.

Solo había cansancio
y frío, mucho frío.

Quise envolverme en mi tela,
protegerme en ella,
absorber su aroma
y sentir calor.
Pero, al tocarla,
comenzó a deshacerse,
resbalando entre mis dedos
los hilos, lacios y rotos.

Y así supe
que mi tela era quimera,

era mi vida,
era yo
y que me había deshecho
en el vacío.

NO sé si desperté.
Quizá soñé
o fue solo ensoñación,
o es mi vida
encadenada a esos hilos
largos, que jamás terminan.
Si estoy despierta o dormida,
no se altera mi destino:
soy Penélope,
eterna Penélope
que no aguarda,
que ya no espera
la llegada de Ulises.

Un día cualquiera

Era un día cualquiera
y salió el sol.
La noche no tuvo sitio,
el mundo fue nuestro,
las sombras volaron
y hubo luz.
La sinfonía del campo
nos ofreció
su más brillante fragmento.
Las notas ascendieron muy alto
y el lecho de hierba, fresco y blando,
nos envolvió
en nuestro sueño.
El tiempo se escondió,
respetuoso.
No hubo antes ni después,
solo un «AHORA».
Instante fugaz y eterno,
porque la vida entera
se fundía en un beso.

VIAJE

No sé si amanecerá,
no sé si amanecerá.

Me he asomado a la ventana del cielo,
he llamado a la puerta del lucero,
he viajado hasta los pórticos
de los dueños de la luz.

He vagado y vagado,
porque errar es mi destino.
He viajado a los confines
de la inmensa oscuridad
y se han cerrado las puertas
donde la luz habitaba.

Y los postigos, señores,
se han reído a carcajadas,
después de ahogar las sonrisas
en un mar de solo sal.

Y la noche, sin retorno,
le niega la vida al día.
Y el día llora encerrado

sin su ansiado amanecer.
Y yo, que soy día oscuro,
no puedo hallar el resquicio
donde abrirme al nuevo día
para ver, parpadear.
No hay sendero,
no hay sendero
en el infinito incierto.
Pero…
un río riega el llano,
se esconde
y es agua limpia,
convertida en manantial.
Ofrece vida a la vida:
así el pasado es presente
en el eterno retorno.

MÁSCARAS Y METÁFORAS

Máscaras, máscaras,
muñecos de guiñol.
Reís, habláis, miráis
y
vuestras risas,
palabras y miradas
son máscaras.

Protección, defensa.
Llevamos vendada el alma,
para sanarla
y
para que no se vea.

Se busca un trocito de alma
LIMPIA
que no esté tapada
ni
sea de mentira.

¿Es aquello una mano tendida?
¿Veo unos ojos que miran?
O
¿es el espejismo del desierto?

Caminando, vas caminando
sin moverte,
buscando fruto sin planta,
planta sin tierra,
peces sin agua,
galaxia sin universo.
¿Qué buscas?

Una quimera,
una metáfora,
que sea el universo un guante
y volverlo del revés.
Detrás, ¿lo intenso?
Quizá, la nada.

LA POESÍA

Estás, sigues estando,
pero más oculta que nunca.

Algunos creen que no vales,
porque no tienes precio.

Otros, de tan sublime,
te han desterrado
al mundo intangible,
fuera de lo humano,
porque no tienes precio.

Encerrada o tangencial,
en el dominio de los dioses,
o en el destierro del olvido:
fuera de casa.

Si pudieras descender
del cielo de unos pocos…

Si lograras salir
del rincón ignorado…

Si te hiciéramos hueco…

Si la Humanidad decidiera
ser humana.

Si nuestros ojos se posaran en ti…

Si, al menos, te echáramos en falta
y te necesitáramos…

Entonces,
quizás volvieras, POESÍA.

MAR

Soñando con Espronceda

Me he acercado a tu orilla, mar querido,
y he sabido qué sintió
el pirata de Espronceda,
porque la luna de oro
rielaba sobre el agua,
haciéndola brillante,
hermana de mi estrella.

He soñado ser pirata de ese barco
y dormirme en el arrullo
de la lona de sus velas
y, al despertarme, ser libre
y cantarte a ti y al viento
que quisiera hacer posible
otro mundo sin fronteras.
Miro y no veo Estambul,
tan solo agua.
No importa el horizonte lejano;
mi mar no tiene fin,
en mí no existe tierra.

Yo sueño entre tus aguas,
construyo mis poemas,
me inundo de tus noches,
me visto con tus nieblas.
El día es solo azul;
la noche, luna llena.
Mi diosa Libertad
le da vida a mis venas.

He despertado del sueño,
sola y tendida en la arena;
la sombra de la ciudad,
exigiéndome que vuelva.

Ya sé que estoy en la playa
y que la mar está enferma,
los poetas no la cantan
y no hay piratas en ellas.

Pero dejadme soñar
las noches que estoy en vela,
dejadme a solas mirar
porque la luna riela.

¡QUÉ BLANCA LLEGAS, ESPUMA!

¡Qué blanca llegas, espuma!
¡Qué blanca para morir!

Hace un instante tan solo
eras onda, pequeña y libre;
sin ti, el océano estaba incompleto
o, al menos, así lo creías tú.

Venías de lejos, buscando la orilla;
saltabas y el aire
acariciaba tu cresta.
Y tú te crecías, dándote importancia,
susurrabas melodías para entregarlas al mar.

Y el viajero navegante,
cuando oía tu murmullo,
entornaba los ojos,
aspiraba la brisa del atardecer
y extendía su mano
que, en ese punto,
solo sabía de caricias.

«Adiós, adiós», le decías.
«Voy a la playa.
Allí seré espuma blanca,
he nacido para eso,
para elevarme y saltar.
Adiós, viajero,
sueña conmigo.
Sin mí, le falta algo al mar».

Ya está muy cerca la orilla,
ya crezco, ya no soy onda,
espuma soy.
El viento me grita.
El sol me anima:
«Llegas, llegas, ya eres blanca».

—Pero ¿cómo volveré?
—No se vuelve,
todo termina en la playa.
—Entonces ¿qué es ser espuma?
—Es morir,
es deshacerte en la nada,
es mezclarte con el resto
o, quizá, mojar la arena
y ser barro.
—Nada me dijeron, nada.

—¿No te mereció la pena?
¿No fuiste una espuma blanca?

Adiós. Ya no tengo océano,
me he destruido en la playa;
ya no cantaré en las noches
ni saltaré sobre el agua.
No me acariciará ya la luna,
ya nunca podré reír.

¡Qué blanca llegas, espuma!
¡Qué blanca para morir!

BÚSCAME EN EL MAR

Búscame en el mar,
donde el agua tiende al horizonte,
donde tanto empieza y tanto acaba,
allí donde yo fui.
Búscame en el mar.

Quizá sea roca del rompeolas,
firme ante el choque continuo,
ignorante de estar convirtiéndome en arena.

Quizá sea gota de agua,
yo, que quise ser océano,
o, quizá, solo suspiro de brisa
que aún pueda acariciar tu frente.
Búscame en el mar.

En la playa dejarás tus huellas,
sobre las mías ya borradas,
por las olas que jugaron conmigo,
pero que me diluyeron.
Si el agua y la arena se escapan entre tus dedos,
no estés triste.
Mira al frente,

hacia la espuma blanca,
que de lejos siempre viene
hasta tu orilla.

Desnúdate, sumérgete
y no pienses, siente.
Notarás la presencia no presente,
y sabrás
que ese mar
salado de lágrimas
también es voz de amor
que canta desde siempre,
aunque esté callada.

Búscame en el mar,
donde un instante fue la eternidad
y donde la eternidad es un soplo.
Y si todo se hace oscuro
con la noche,
espera;
siempre sale el sol,
que triunfa
y deshace la bruma,
hasta en los peores días
de tormenta.
Te sonríe

y brilla para ti.
Si abres los polos del alma,
te inundarás
de la luz
que no se apaga.
NUNCA.
Y yo, sin estar,
allí estaré,
contigo,
SIEMPRE.

BÚSCAME EN EL MAR.

OLA DE PLATA

Ola de plata,
bruñida por la luna
que está muy alta.

Ola que llegando mueres,
dando tu brillo a la playa.
Ola que renaces nueva
en cumbres de espuma blanca.

Ola, dando luz gloriosa
en noche negra y callada.
Ola, hermana de la luna.
Ola, de estrellas bañada.

Con los ojos entornados,
apoyada en la baranda,
veo terminar tu viaje
vestida de agua y de nácar.

Y recibo tu destello
como caricia en mi alma.
Ola de mis noches largas.
Ola de sueños y lágrimas.

Índice